JN409161

노두원 제2시집

눈을 감아야 보이는 곳

도서출판 진실한 사람들

시인의 말

생각과 행동 그리고 말이 일체가 되어 형상화한 것을 한 편의 시라고 할 때 마다 초등학교 시절 일밖에 모르시는 등 굽은 아버님을 친구 앞에서는 외면했던 때와 중고등 학생 시절 내 고향 유곡이 역촌이라는 말에 종종 자존심이 상하여 얼굴만 붉혔던 때가 지금도 간헐적으로 생각이 난다. 뿐만 아니라 대학을 다니면서도 문경은 일찍부터 산적이 우글거린 두메산골이라는 폄하하는 말에 열등의식의 울분을 삭이지 못하여 씩씩거렸을 뿐 적절한 행동을 취하지 못했다는 죄책감은 그 후에도 떨칠 수 없었다. 이후 이럭저럭 교직 생활을 하면서도 아버님께와 고향에 대한 구체적인 보은의 행동도 없이 얄팍한 봉급자로서의 일상이었으나 아버님께서는 오랜 전에 세상을 뜨셨으며 나도 고향을 떠나 인근에서 겨우 삶의 텃밭을 이루었으니…

시린 마음만 앙금으로 침잠된 채 개운하질 못하였음에도 퇴임자로서의 무료를 달래기 위해 문경 산야를 누볐으나 산은 산이요 물은 물일뿐이라 이를 문자로 스케치하려였더니 그 때마다 조악한 시어가 지면에 떠 얼굴이 스스로 붉어졌었다. 그럼에도 노욕에서 일까 허우적거리며 쓴 원고임에도 이를 차마 버릴 수 없어 한 묶음의 책으로 만들어 바깥으로 드러내고자 하였다.

한 권의 책 속에는 그 사람의 영혼이 살아 있고 삶과 인생이 융해되어 숨어 흐른다는 경구를 접하니 더 주뼛주뼛한 심경이 들어 활자화함을 차일피일 했었다. 그러나 이제 석양이 내리는 길모퉁이를 바삐 걷고 있는 황혼 길에 접어 든 나그네의 처지이니 잠시나마 내 무거운 심신을 내려놓고자 한다.

후안 무취라 해도 세상의 소중한 눈빛들에게 이 시집을 바치며 삼가 보듬어 줄 독자 한 사람이라도 만나고 싶은 마음 간절하던 차,

문학 평론가 변학수 교수님의 분에 넘치는 해설문과 인간미 넘치는 김주안 문예비전 편집장님의 살뜰한 보살핌에 큰 힘을 얻었기에 거듭 감사를 표하며,

사랑하는 당신과 오남매 가족 모두의 살가운 협조에 눈시울 적시며 맺는다.

2014 갑오년 입추에

노 두 원 식

차 례

제2부 그 이름 빗돌에만 새기랴

제3부 약돌 돼지머리의 웃음

제4부 순환열차

제1부

새들도 울고 넘는 곳

견탄리* 가을

훌쭉해진 미루나무 위에
야윈 가을 해 걸리면
애처로운 암탉은
맨드라미 씨앗만 쪼아댄다

시린 마음 달래려 국화 꽃잎 따던 손
물보라 엇비치는 견탄(汱灘)여울목에 씻으려니
꽃비 내린 앞산 흔들리고 있다

물결대로 일그러진 내 얼굴 위로
곱게 차려 입은 여인의 우아한 자태
조용조용 내게로 다가온다

외진 골로 꽃상여 떠나가기 전에
한 매듭 풀고 가는 누런 들판 속
능금 향 가득한 그 길을 가로질러
가을이 온다.

*견탄리(汱灘里): 낙동강 지류 문경시 호계면 영강 유역 마을.

중부 내륙 고속도로

문경 잇는 중부 내륙 고속도로
터널을 끼고 누워 게으름 토하나
차량은 개미의 행렬
굴 문 드나드는 분주함으로
포도만 땀 흘려 번쩍인다.

나도 한 마리의 개민가
차창에 기대 눈감으니
머릿속에 묻어둔 조각난 삶의 편린들이
개미의 행렬인 양 뇌리를 스치면서도
굴속에 들면 요람 속 포근함에 잠들겠네.

굴을 뚫은 인간의 의지야
산을 저쪽으로 밀어붙이곤
고속으로 그 너머에 길손들 내려놓건만
싱싱한 문경 산하 그들 안고
하늘 향해 새처럼 날아간다.

굴은 아늑한 인류의 고향
환웅이 웅녀 만나
굴속에서 단군을 낳았다는
전설적 삶의 내력 읽기도 전에
꿈이 먼저 나를 향해 웃었는가 보다

하늘이 굴속으로 밀려왔으니
길을 주름잡은 터널의 웃음소리 흘리면서
가볍고 날렵한 나의 발길이야
경쾌하여 하늘로 날아갈 듯
주흘관을 지나 조령관 조곡관을 지나간다.

고갯길

허리춤에 손을 얹고 새재 고갯길 넘어나 보자
길은 언제나 쌍갈래
이우리*로 갈까?
새재*로 갈까?
하늘 헤친 구름길 첩첩으로 포개어지듯
새재길 과거(過去)의 길은 과거(科擧)*길에 포개진다

주흘산 돌올하여 천 년 역사 꾸몄던가
고사리현* 신라에서 혜국* 했던 고려로 치닫더니
이제야 천하명승지로 나라의 관문*되어
빗장 풀고 다가서는
새재는 시인인가 시를 찾아 눕는다

새들도 울고 넘는 조령이라고
날 저무는 으스름에 재를 넘는 길손들
해지는 산마루에 올라 눈물만 뿌리려나
달빛 시린 고갯길 맨발되 걸어보라
머리에서 발끝으로 산 흥 짙게 깔릴 테니
새재는 시인인가 시흥으로 만산이다

새재골 바위 틈에 약수 솟고
알싸한 골바람 코끝을 스쳐오니
억새 억세게 흔들리고
폭포수 한줄기 소리치며 쏟아진다
달빛 내린 박달 잎에 바람이 나부끼면
새재는 시인인가 시구로 굽이친다

*이우리: 이화령의 다른 이름

*새재 1) 이우리재[梨花嶺]와 하늘재 사이의 재

2) 억새가 많은 재

3) 험하여 새들도 울고 넘는 험한 재 등의 뜻이 있음.

*과거 길: 조선 시대 과거를 위해 한양을 넘나들던 길

*고사라현: 신라시대 문경

*혜국: 고려 공민왕이 몽고 침략군을 피해 문경 절에서 피했다 하여 혜국사라 이름하였음.

*관문: 영남대로 관문임.

문경 팔경

제1경: 경천호
천주산 제일 봉을 붕어봉이라 이름 하니
하늘 향해 입 벌린 산 그림자 경천호에 잠겼구려!
물 맑아 입 벌린 듯 붕어 되어 흔들리고
수평리 옛 터전은 경천호 호수되어 유람선만 한가롭다
천주사 범종소리 구름바다 위로 펴져가니
돌탑에 정성 모으는 노스님의 합장 따라
끼루룩 학 한 마리 공덕산 노송 위에 둥지를 튼다.

제2경: 운달 계곡
운달산 산정 위엔 여름 햇볕 쏟아져도
그늘 짙은 원시림 운달 계곡 냉골 되어 손 시리다
김용사에 이는 바람 사불산 꼭대기에 구름 모아 맴돌고
양진암 찾아든 보살님의 염불 소리 깔리니
적막한 사하 촌엔 풍경 소리 그윽하고
대웅전 괘불탱화 삼불의 후광으로 신비롭게 떨고 있다.

제3경: 봉암사 백운대

별살 좋은 백운대는 별 바래 희졌는가
구산선문 봉암사는 스님들의 도장이다
통반석 20여리 푸른 물은 수정 띠로 사계의 감로수
구왕봉 석벽안고 산모롱이 돌아서면
적조탑 지증스님 원오탑 정진대사만 눈앞에 어리니
목탁 소리 들려오는 희양산은 선불의 나라로다

제4경: 새재 계곡

전설 깔린 새재 고개 달빛 따라 건노라니
천 년 세월 비껴서는 과것길 고개 위로 다가온다
문희 경서 장원 급제 귀 기울인들 무엇하랴
부귀공명 덧없어라 박달나무 이파리에 이슬방울인 것을
주흘관 홍예문 둘러보니 조곡관은 새들의 고향
달빛시린 조령관 새처럼 맨발 되어 넘어간다

제5경: 용추 계곡

산다운 대야산 아래 용추 물답게 소리치니
용추 계곡이야 선계가 아니던가
시인 묵객 흥에 겨워 산고수장이라 일필휘지 새겼으니
잠룡도 할 일 없어 용 비늘로 승천자취 남겼는가
월령대에 걸려 있는 산 그림자 일렁일 때
암반 위를 구르는 물소리만 더욱 청아하다

제6경: 선유동 계곡

대리석이 바위인 듯 옥계수 흘러가는 절경 일러
옛 사람들은 선유 구곡이라 읊조렸다
가락 따라 흐르는 물굽이 암벽 굽이 맴돌 때
그늘 짙은 계곡 풍광 자태 더욱 우아하고
산정 능선 대문바위 하늘 빛 받드니
산이 있어 물이 좋은 선유동 계곡이다

제7경: 쌍용 계곡

숨긴 도 깊을수록 도장산 우뚝하고
품은 비경 승경임에 청화산이 더 싱그럽다.
너럭바위 따라 옥수 소리치는 쌍용과 심원 폭포
억겁을 쏟았으니 통반석 패인 소(沼) 깊이가 천 길
쌍용의 용틀임인 듯 기암 층층 노송들의 몸 틀임이여
심원사 천 년 고찰의 정적 안개 속에 일렁인다.

제8경: 진남 교반

진남교반 난간에 서니 벚꽃 향내 꽃바람 일고
아스라이 누워 있는 마고 산성 옛 얘기 들려 준다.
신작로는 다리 다리로 달려 제 갈 길 가건만
강줄기만 하염없이 물굽이 쳐 흐르니
나는 펄떡이는 한 마리의 쏘가린가
물살에 뛰어들어 몸 먼저 굽이친다.

아 문경, 눈을 감아야 보이는 곳

새재 뚫은 중부내륙고속도로 한양의 지름길
낙동강 가로지른 영남대로 부산으로 뻗었으니
경사스러운 소식 문경에서 들으시고
상서로운 조짐 문경에서 찾으셔라
아 문경, 눈을 감아야 보이는 곳

성벽보다 더 두꺼운 산소의 두께
산고수장이란 옛 선비의 희롱만도 아닌 것을
울울청청 수목의 바다 위엔 낮 새들이 넘나들고
낙동강 발원지엔 달빛이 동행하는
아 문경, 눈을 감아야 보이는 곳

지하 온천수맥 지상으로 솟구치니
알카리 온천수는 땅속의 역사인가
과거길 옛길 따라 나라 역사 흐르고
이 땅 위에 터 잡은 가슴 따뜻한 사람들
아 문경, 눈을 감아야 보이는 곳

박달나무 이파리에 이슬방울 맺히듯이
가슴 속에 맺힌 고뇌 골 깊이 던지시고
달빛시린 새재길 맨발 되어 걸어보라
따뜻한 온천수로 가슴을 적신다면
오늘이 정겨워 내일이 열릴 테니
아 문경, 눈을 감아야 보이는 곳

새야 날아라

- 중앙공원에서

새들이 여는 새벽 공원 습기 먹어 더 촉촉하다
영글듯 방울방울 달개비 잎들의 이슬
아침 햇살이 구슬 만들어 화사하게 굴리니
방울새 울더라도 눈물이야 있으랴
숲은 고요히 잔바람에 잔가지 흔든다.

솔밭 새들의 숨어 번쩍이는 눈은
짹짹 재재 수런거리며 나를 감시하는가
보는 대로 가두고자 지었던 많은 새집들
기르다 죽은 새들 앞에서 가슴 후비던
나의 철부지 족적을 그들은 아는 게다.
새들의 꼬리 뒤에서 불안한 마음이 드는 것은

두껍게 묻힌 봄 찾아
적요한 칼바람 헤집고
겨울 지나는 텃새들은 날고
까마귀의 까만 울음과
까치들의 하얀 울음도 정겨운데
방울새 방울방울 덩굴 속 날갯짓보다

우주 실은 파랑새의 비상으로 가슴 크게 열어라

새들은 그렇게 날아야 한다.
잡을 수도 마음에라도 가둘 수 없기에
공원의 텃새인들 갇힐 수 있을까
새야 날아라.
새들아 날아라.

구랑리*의 가을맞이

기이한 바위 물 따라 흐르는 골 깊은 구랑리에
엎드렸던 적막이 숲 속에서 일고
바람 따라 흔들리는 개암나무 엄나무 개옻나무에
선홍빛 단풍 화살처럼 꽂힐 때면
청의 입은 *아홉 낭자 송림 간에 살랑인다.

어룡산 산정 위로 쪽빛 하늘 열리고
노송의 용틀임 따라 핏빛 같은 전설 버섯인 양 솟는다
낭군님 손짓 따라 흔들리는 아홉 굽이 물줄기
여울지며 산영 실은 유리알의 흐름
소슬한 갈바람엔 애환이 엇비친다.

물빛 시린 둔덕 따라 골 안 풍경 흔들려도
부채 바위 천 길로 벼루 되어 펼쳤는데
잔자갈 밟히는 소리는 연인들의 연가
물속 돌 틈 깊이 숨는 넙치 천렵의 망한
구랑리는 가을바람에 익어간다.

*구랑리: 문경시 마성면 소재 부락명

*아홉 낭자: 전설에 따르면 이 마을에 효심이 지극한 효자가 꿈 속에 한 노인이 아버지 산소를 이장하면 자손이 삼정승 육판서의 벼슬자리에 오른다고 하여 노인이 이른대로 이장을 하였고, 10년이 지나 마을 아홉 처녀 모두가 그의 아내가 되어 마을 이름도 구랑리라 불리었다 함. 또한 그의 자손이 모두 높은 벼슬길에 올랐다고 함.

돈마래미*

여인의 속살 같은 뽀얀 물은 바위에 부서지고
숲에 걸린 낮달이 얼굴 내미는
안개 일렁이어 골 깊은 돈마래미
하늘이 돈짝만 하게 내려앉는 곳

산 산 산
산이 모여 정겹고
*돝 소리 들려 그윽한 돈마래미
나도 한 마리의 돝이 되어서
심술궂게 감자밭 뒤적이는 곳

돈은 간간이만 필요하니
얼굴엔 정을 가득 흘리며
돌틈 사이로 흐르는 물 마시는
마음 하얀 사람들이 사는 돈마래미

개암나무 숲 사이로
작은 소반 위에 개암주 받쳐 왔으니
정자 따로 있으랴
앉는 곳마다 풍광 깃든 돈마래미

안에서만 밖이 보이는 그늘 짙은 곳
찾는 이 뜨음하여
삽살개도 졸고 있는 마음 짠한 곳
대가 없이 주고파
골짜기 째 던져줄 사람아
안개 일렁이어 골 깊은 돈마래미*
하늘은 돈짝만 하게 내려앉는다

*돈마래미: 문경시 가은읍에 있는 마을

*돝: 돼지의 고어

토끼벼루*

길은 겨우 산허리에 매달려 잔도로 이어지니
이쯤에서 토끼도 돌아섰을까?
망설임에 이름 붙여 토천이라 이르는 것이리라

허우적거리며 매달린 가파른 그 길
걸음 떼는 그 순간순간의 발자국도
시공의 디딤돌
길은 그렇게 산모롱이를 돌아간다.
산모롱이는 길을 안고 돌아눕는다.

시간은 역사를 이루어 강물처럼 흐른다는 갑갑천
내려다보기 아찔하여 고개를 돌리는 순간에도
새가슴 되어 울렁이고
놀란 토끼의 눈
길 위에 바위 닳고 닳아 발자국으로 새겨졌다

매달려 살아온 수천 년의 세월
서럽도록 애처롭던 지난 때의 삶이여
게걸스럽게 씹어대며 눈 들어 하늘을 봐도
시간은 잔인하게는 죽일 수는 없었기에
나는 한 마리의 나비가 되어
연민의 정 나래로 펴
가파른 *토끼벼루 훨훨 넘고만 싶다.

*토끼벼루: 영강을 끼고도는 절벽의 이름

문경 온천수

태고의 신비가 침잠된 탄전 비집고
애오라지 하늘 향한 치솟음
어두움이 싫어
암반의 눌림이 싫어
싯누런 칼슘 중탄산 온천수
울꺽 울꺽 증기 뿜다.

백두대간 산 뿌리 도는 온천 수맥
바야흐로 문경에서
마그마 온천수로 솟았으니
무기질 온천수는 우주의 성애
문경에는 탄산 이온 온천장 있다

진실이 눈물 속에 배어 있는
황토 빛 온탕에 들면
빛바랜 가슴 하얗게 열리고
몸뚱어린 가볍게
물 위로 솟는다

웃어라
씻은 마음 웃음 웃으면
세상이 온통 정겨움으로
가만가만 가슴에로 안길 게다

초점 분수령

부슬부슬 떨어지는 *초점 분수령의 빗방울
바람 따라 왔다니
부슬부슬 빗소리는 말소린가
쪼록쪼록 소리 내는 흐름에 귀 기울여보면
낮은 곳으로 몸 던지며 지나 왔다는
귓전을 간질이는 소리
물에는 말의 씨알이 숨어 흐른다

퐁퐁 솟구치는 옹달샘 물소리
돌돌돌 바위틈을 비집는 한 줄기의 흐름과
땅 깊은 푸른 계곡 이어주는 물의 흐름에도
끝없는 하늘 이야기 정겹게 들리는 듯
하늘 땅 이어주는 물은
온통 내 안으로도 흐르고 있다

물의 흐름은 제 스스로 띠가 되어 눕고
산은 산대로 우뚝우뚝 솟았다 해도
산을 깎는 단순한 계산에는
물이 덮는다는 오묘한 말소리
누렇게 홍수 되어 웅변 토하니
물은 살아 그렇게 스스로를 흘린다

금천은 내성천 만나 낙동강 되고
양산천은 조령천 만나 영강의 산영 싣고
수심 깊은 낙동강으로
바다에 이르도록 쉼 없이 들려주는
푸른 바다 소리여!

*초점 분수령: 낙동강의 발원지

영신 들판*의 염불 소리

들녘 끝 후미진 버들 숲 사이로부터
풍경 소리 안온히 퍼지는 영신 들판
물결 되어 일렁이는 오후에는
올벼 익히는 가을 햇살 사이로 염불 소리 들린다
벼 이삭 염불 소리를 따라 고개 숙여 걷는다.

영글어가는 벼 알갱이는
땀방울의 결실이자 손때 묻은 염주 알
이슬방울 없더라도 구슬처럼 빛난다면
쌀(米)이란 쌍팔[八拾八]의 번뇌 이긴 공덕의 결정체
농심이 안개 되어 일렁이는 들판 위를 고개 숙여 걷는다.

포기 사이로 퍼지는 논배미의 물이
햇볕 안고 잦아진다 애태울 리 없건만
물길 트는 물꼬에서 미소 흘리는 농부의 얼굴에도
농심이 불심이라 이르며
공덕 쌓은 들판 길을 고개 숙여 걷는다.

노을에 조는 석양 따라 염불 소리 더 짙게 깔리니
한 톨의 알곡에도 신의 뜻 오롯이 깃들고
별이 빛나도록 이슬방울 대롱대롱 매단 채
영글며 고개 숙이는 벼 이삭 따라
나는 고개 숙여 걷는다

*영신 들: 문경시 남동쪽 영강변 일대의 들

농암 반송*

누군가 심었다는 애솔 한 그루
수백의 나이테로 동심원 그려졌을
거송으로 우뚝 서더니
마침내 신이 되었는가
인간에게 절 받는다.

구름 위로 얼굴 두고
지하 반석에 뿌리 내린 굳건함과
젯상 되어 하늘 받친 위엄으로
땅속 정기 뿜어 대는 장한 기상 앞에
나도 합장하며 절할 뿐.

천 년을 굵을 몸통의 용틀임
반송 위를 맴도는 푸른 기상
신비롭게 떨고 있는 오색 헝겊 흔들리니
안개구름 후광인 듯 일렁인다.
푸드덕 학 한 마리의 비상이여

맑은 별살아래 선유동이 적막한데
백발 도사 머리 풀고 수염발 휘날리며
하늘 닮아 살라 하는 영목의 울림에도
손바닥으로 하늘 가리는 나약한 나
그래도 눈은 뜬다.

*농암반송: 농암면 화산리에 있는 천연기념물 제292호
일명 6송정

윤필암* 저녁 길

산 향 짙은 윤필암에 찬 서리 내릴 때면
하늘도 조각 되어 찬바람에 펄럭이는데
도끼 소리 모르고 살아온 절골 나무들이지만
허허한 수림이 애처로워 방풍림으로 되려는 듯
잔가지도 쳐들며 전신으로 한설 바람 막는다

하늘과 땅이 열리었던 태초부터
하늘은 땅을 덮어 온기로 안았다니
자식 품에 안는 어머님 온정이 아니었던가
구족계 받은 여승들의 독경 소리 온 골에 가득할 때
오색단풍잎 나무들의 보시인 양 소복소복 쌓였도다.

땅을 향한 포근한 햇살 산정까지 퍼졌으니
다사로운 기운에는 만물 아니 싹텄으랴
반개하신 부처님의 눈자위로 미소 번지듯
여승들의 염불에 맑아지는 목탁 소리
향 짙은 다정불심 단풍보다 곱게 내리는 것을

겨울나무들 나목 되어 서러워도
단풍잎 곱게 던져 언 땅 덮으려는 자비심 위로
그윽한 풍경 소리 더없이 정겨우니
혼자 걷는 산사의 고즈넉함에 해넘이 되어도
만물 일체 불심이란 경지가 아니었던가

*윤필암: 문경시 산북면 전두리 대승사의 비구니 암자

바람 바람이 일고, 바람 바람이 분다

-짚라인 탑승 수료증을 받던 날에

대장부의 바람[希]이란 하늘을 나는 것인가
눈 쌓여 험한 산꼭대기 혼자 넘는 겔가
동짓달 동지 무렵 눈송이 날리던 날
팥죽할멈 얘기 손자에게 들려주었던 내가
불정동 마지방골* 길고 높은 산 능선에서의 해넘이란
늦바람[淫]이 인 나를 억제할 수 없었던 때문이리라.

안개 이는 꼭대기엔 바람[風]이 가는 길은 보였으나
능선 타고 골짜기 내려오는 눈바람의 그 길은
귓전 때리는 날선 송곳 아니던가
찔리면서도 옷깃 먼저 매만졌다면
나는 차라리 깃털 세워 나래 펴는
한 마리의 겨울새이고 싶다.

줄을 꼬아 철선으로 매달았다는 짚라인
그 외줄에 매달려 스스로를 웃고 있는 어릿광대
줄은 언제나 삶의 출발선으로 다가 오지 않았던가?
지금도 몸을 던져야 하는 엄숙한 선택의 줄이니
새가슴에 흐르는 긴장으로도 전선 따라 몸은 흘렀다네.

아찔함과 짜릿함에 도취되는 쾌속감이여!
외줄 타는 곡예사는 아니기에
구름 위를 질주하는 무아경의 황홀감은
뇌리 깊게 박혀 평생을 흐를 궤적
찰나의 포착은 영원으로 이어질 단초인 것을

길은 아홉 구비 돌아가는 한 마장의 외줄이나
허공에 걸린 그 길의 완비(完飛) 탑승 수료증엔
땅을 굳게 딛고 하늘 우르라는 반짝이는 속뜻에
스스로가 흥분하여 오늘을 웃는다.
나를 가다듬어 내일을 찾는다.

*마지방골: 문경시 불정동의 골짜기 이름

철로 자전거

엔진으로 운행 되었던 레일 위엔
손님에게 끌려가는 자전거 여러 대 줄지어 있다.
밟아야 레일 위를 굴러도 사람은 손님
머무는 역엔 기차 없어도 가은역이라 부른다니
사람도 시공을 넘나들 수 있겠는가

철로 자전거는 커다란 타임머신
손님 되어 페달을 천천히 밟아도
빠르게 반백 년 지난 그 시절로 나를 내려놓는다.
검은 산 아래로 검게 물이 흐르던 탄진 쌓이던 광산촌
이만 하얀 여인들은 개미처럼 선탄에 바빴었다.

이제 레일은 블랙홀에 빠지는 궤도는 아닐 터
밑바탕엔 침목이 깔리고 철길은 쇠못으로 연결되듯
어제는 오늘에 이어져 레일 위를 흐르고
자전거를 끄는 손님들의 입에서 입으로
내일의 해가 물린다

철로 자전거엔 처음부터 웃음꽃은 피었고
서늘한 공간 위로 퍼지는 자잘한 정겨움에
따뜻한 레일 위로 자전거는 객차인 양 줄지어간다.
즐거워 시원함으로 열리는 레일 위엔
산천 향한 나의 웃음도 꽃잎처럼 날린다.

측량 박물관* 소묘

시간과 공간이 압축된 커다란 밀랍덩어리
어디 거리만 있으랴
부피와 넓이가 있고
과거와 현재가 깜빡이는 미래를 향해
꿀벌같이 윙윙거리는
날갯짓이 보인다.

고산자*는 한 마리의 자벌레
구기자나무 밑둥에서 꼭대기를
몸으로 재면서도
지나온 거리와
남은 시간을 모르는
서럽도록 소박한 측량기사이다

인지*의 펼치며
허 허 웃는
거리고거*를 탄 선비
둥! 둥!
북소리 들릴 때마다

산가지 놓았다면 차라리 낭만인 것을

인생도 도화기*로 제도가 될 것인가
나는 나를 재기 위해
수준점과
기준점과
삼각점을 설정할 수 없어
청산만 본다.

*측량박물관: 경북 문경시 마성면 하내리 소재

*고산자: 조선조 지리학자 김정호님의 호

*인지의: 조선조에 사용된 거리 측량 방향 표시판

*거리고거: 조선조에 사용된 거리 측량 차(수레)로서 그 바퀴 가 일정 횟수를 구를 때 조수(하인)는 북을 쳤고 선비(측량기사)님은 산 가치를 표했다 함.

*도화기: 측량도면기

장승의 너털웃음

중앙 공원 중앙에 키 큰 장승
한낮 되면 익살마저 버리곤
왕방울 같은 두 눈 부릅뜬 채
두 볼을 실룩거리며 나를 향해
허옇게 이빨 드러낸다

마을을 지킨다는 우직한 충심에
그 자리에 그 대로 섰음에도
참새 겁 없이 머리를 쪼니
영악한 인간이야
무슨 짓을 못하랴
무슨 말을 못하랴
발이 없는 장승 그 자리에 그렇게 서 있다

장승은 어릿광대인가
중앙공원 중앙에서 울고 있다
신을 정복할 만한 오만한 인간들이
사악한 음모 흘리곤
더 큰 증오의 업보 잣고자 길길이 날뛰는 꼴 보며
제 홀로 안타까와 울고만 있다

머리 큰 장승 끝내 미쳐 웃는다
아주 허허 웃고만 있다
긴 혀 뽑아 웃음 웃는
장승의 너털웃음
나는 본다
장승도 노려본다.

석탄 박물관*

우주 생성 과정이 굳어 압축된 공간
태고의 신비에 눈동자만 굴리니
나도 하나의 화석인가
석탄 박물관은
커다란 타임캡슐이다

아득한 사연을 적은
화석덩이 괴탄을 보라
석탄은 영원한 타임머신

석탄이 까맣고
불이 빨간 이유는 묻지 말자
불로 물을 끓이는 얕은 꾀로
바다 위에 증기선과
레일 위에 기차를 굴린 사실도
석탄에 불붙인 작고 초라한 지혜뿐인 것을

시나브로 가슴에 구멍이 뚫리는 듯
온몸이 시려오는 것은
내가 광부의 아들이었다는 사실이
용암 분출의 장엄한 개벽인 양
내 마음을 흔들고 있다

*석탄 박물관: 문경시 가은읍 소재

설날 단풍나무 밑에서의 독백

흰 눈이 천지에 가득한 설날 아침 공원
단풍나무 아래에서의 독백이라
화려한 수사 아니라도 뜻은 눈처럼 깨끗했으니
태초에 말도
하얀 마음의 표현 아니랴

눈이 푸시시 잔가지에서 떨어진다.
설날 눈은 서설이요 그 해는 눈같이
맑고 깨끗한 해가 된다고
좋은 일 생긴다고
단풍나무 하는 말에 고개 끄덕였네

아침 해 높이 솟아 햇살 펴며 웃는 듯
세상은 더 온화하고 눈부실 때
문득 단풍나무 하얀 자태로 내게 와
올해는 더 고운 잎 피워 공원을 지킨다니
나도 꿈의 풍선을 띄우며 해를 향해 웃었다네

꿈이란 풍선만은 아닐 터
단풍나무 쉼 없는 뿌리내림과 물올림도
만나는 이웃과 정주며 아롱다롱 사는 삶도
공원의 이치라니
나는 마음으로 껴안을 수밖에

역사는 구름처럼

주흘산* 산굽이 돌아가는 길은 바람이 구르는 길
과거길 올랐다는 선다님들
가슴 조이던 사연들을 계곡에 묻었다니
청운이란 안개구름 아니던가
세월만 화석 되어 길손 소매 잡는다.

교귀정에 걸터앉아 팔왕소 바라보며
음풍농월 시를 짓던 호사스런 선비님
공명도 박달나무 이파리에 이슬방울인 것을
구태여 일천 장 주흘봉을 땀 흘리며 올랐을까
신 길원 충렬 비엔
피맺힌 단심(丹心) 방울방울 듣는다.

주흘관 남문 열리면 영남대로 천 리 길
길은 낙동강 끼고 도는 남도 칠백 리
조령관 북문 열면 한수 따른 오백 리 길
낙화유수 세월이 동반잔가

문경 품은 주흘산은 나라의 진산
홀로라도 동해만경 제 살핀다니
역사는 구름처럼 주흘산 감돌며
전설은 안개 되어 고갯길에 깔린다.

*주흘산 : 문경시 문경읍 상초리 소재 해발 1,106m
문경의 진산

황장산* 목장

세월이 비껴서는 황장산 목장에는
컴퓨터 조작하는 인간 손은 분주한데
느릿느릿 풀을 뜯는 누런 황소 무리
농기계로 물들이는 들판 내려다보며
그늘 속에 누워 게으르게 반추한다.

굴레 벗고 코뚜레 없이
일에서 해방되었다고
일하는 사람 앞에 서서
빈둥대며 먹어만 대는 소는
누런 하품 토해내며 허옇게 웃고 있다

기름진 털 사이로 햇빛은 찬란한데
초점 잃은 동공에는 내일을 잊은 채
제 살 주고 삶을 살아야 하는 멍에 쓰고
어쩔 수 없는 죽음 보며
뚜벅뚜벅 걷고 있는 슬픈 소가 있다

먹으면 살만 찌는 온갖 사료
울짱 안에 쌓였으나
삶은 권태로워
몽롱한 눈 반쯤 감고
생애 빨리 마치려고 데룩데룩 살만 찌우는
초원 등진 가련한 소가 누워 있다.

살을 팔아 살지 말고
일하면서 살아가라는
그렇게만 살아가라는
천주사 스님들의 목탁 소리
황장산 산정 위로 흰 구름은 흐르고
내 마음도 흐른다.

*황장산: 문경시 동로면 소재. 월악산국립공원 동남단을
이루는 산으로 황장목이 있어 봉산이었음.

하늘 기둥 천주산*

산은 차라리
경천호의 물기둥
허리엔 구름 감고
하늘 받쳐 솟았으니
산발치 맴돌던
푸른 여름 하얀 더위
물거품으로 허공에서 부서진다

천주사 천주봉은
한 마리의 목어인가
하늘 향한 산울림
굉음으로 들리는 듯
산인들이 철부지 되어
야호! 야호!
두 팔 저으며 손뼉 치고 내닫는다.

속진의 인연 끊고 너들 지대 지나가니
고사목 한 그루가 신비롭게 떨고
산 흥겨운 산 까치들 한마음 되어 있다.

보랏빛 짙은 안개 후광인 양 흩날리니
한 줄의 밧줄 잡아 암벽에 버텨 서도
돌탑에 정성모아 합장하며 발원하니
나는, 나는 홀로라도 겸허하여 굽어본다.

구름바다 산정 위로 지평선 퍼지면
끼루룩
노송 위에 둥지 튼 학 한 마리
사불산 휘돌아
공덕산에 숨어드니
백두대간 첩첩봉은 봉마다 선계인데
내 눈빛만 아스라이
상운 따라 흐른다.

*천주산: 문경시 동로면과 산북면의 경계를 이루는 산
산봉우리 모양이 붕어를 닮았다 하여 붕어산으로도
불림.

포암산*에 안기다

하늘재 전설 품고
하늘에 가득 찬 베바우산
산 위로는 구름 흐르고
산 아래론 세월 흘러도
포암산은 언제나 우뚝하다

인간 역사 묶여 있는
계림령 유허비엔 역사 향기인 양
돌이끼 안았으나
포암산이 나를 품고
하늘 향해 솟는다

마골산 산정 위로 안개비 내리면
삼베 짜시던 어머님 환생 되어 내 눈에는 어린다.
거칠었던 바위 손
메말랐던 머리카락
고달픈 여인의 흐느낌이 마음에 이니
베바우에서 우는 바람 소린가

하늘재도 하늘 아래 누웠는데
베바우산 하늘 향해 머리 들었으니
문수봉이 웃는다
마패봉이 웃는다
월악 영봉 흔들리더라도
내게 다가선 포암산은 자애롭다

돌아가신 어머님 가을 볕살에
삼베 늘어 빛바랬듯이
베바우는 삼베 자풀이를 내 마음에 펴니
나는 다만 고개 숙일 뿐
산인인 양 산심으로 포암산에 안긴다.

*포암산: 문경시 문경읍 소재. 하늘재에 있는 일명 베바우산

백화산* 사계

화전민 화전 터에 흔들리는 억새
눈물뿌린 비탈 밭에 저 홀로 흐느낄 때
봄빛은 능선 따라
말갈기 세우며 사방으로 달리고
백두대간 백화산은 봄비에 젖어든다

유월이 머리 풀면 등 푸른 성주봉엔
녹음 짙게 깔리고
소야천 가은천이 시름겨워 흐른다.
산굽이 돌고 도는 이우릿재 시루봉도
푸른 강 흐름 되어 솔골길로 빠져 간다.

키 큰 이깔나무 산 아래로 깔리고
싸리나무 싸릿골에 꽃바람 타면
백화산 꼭대기로 맴도는 가을
단풍 치마 곱게도 차려입고
다정한 연인되어 내 곁으로 다가선다.

흰드뫼 넓은 품은 은둔자의 가슴이다
봉생이 봉명산 봉암사를 봉인 양 품었으니
전설은 봉산으로 살아나고
겨울 산 백화산이 흰옷 입어 정겹기에
산 한 번 쳐다보고
나 한 번 돌아보고

*백화산: 문경시 마성면 상내리에 소재

돈달뫼*

진달래로 웃는 돈달뫼엔
영신처녀 댕기 잡는 총각의 여유로움이 있다
청아한 자태 오뚝한 봉우리
너무도 당당하여
병풍인 양 점촌을 껴안았다.

솔숲 헤친 솔향 짙은 바람
솔잎과의 싱그러운 속삭임 소리
푸른 휘파람 소리 되었으니
돈달뫼는 친구같이 내 곁으로 다가선다.

산정으로 오르는 길 제 스스로 꿈틀대니
까투리 넘보던 장끼 놀라 소리치고
날다람쥐 굴참나무 위로 날 때
숲 속이 수런거려
나도 방울새 따라 바위 뒤에 숨었다

구름은 산정 돌아 영강으로 빠지는데
나는 한 마리의 너구리인가
바위틈에 솟는 생수 핥고 땀 씻으니
돈달뫼는 나를 안고 놓아주지 않는다.

*돈달뫼: 돈달산. 문경시 동지역의 중심 산으로 문경시의 안산격임.

오정산* 해맞이

알싸한 새벽 기운에 코끝 시려도
정화수 한 그릇 소반 위에 받쳐 놓는
소복한 여인 되어
비질하며 걷는 해맞이 길 위론
별빛 조용히 이슬처럼 내렸다.

나 오늘 오정산 꼭대기에 올라
땅과 하늘이 맞닿은 그 곳을 향해
휘파람 불고
광명이 깃발처럼 펄럭이는 하늘 바라보며
나를 찾았다고 큰소리로 외치리라

하늘과 땅이 열리는 그 곳을 바라보며
오늘을 손뼉치고 또 노래 부를 때
박동치는 심장의 소리는
나를 보듬는 스님의 독경
어두움이 밀려가는 새해 아침 새해를
가슴으로 보고 있다

풍선보다 더 부푼 해를
진주보다 더 귀한 마음으로 안은 채
풍선 하나에 소원 하나씩 날려
해를 보며 비는 마음
햇살 퍼지는 틈 사이로 합장을 하고 있다.

오정산 정상에 올라
오복을 비는 이 아침이
비로소 찬란히 빛나니
맑아지는 마음 따라
이 한해 산뜻하게만 열려라

*오정산: 문경시 호계면 견탄리 소재. 일명 강림산

구산선문 희양산*

산은 천 미터도 안 되는 높이로 솟아 있고
물은 깊은 곳이 세 척 밖임에도
볕살 너무 좋아 검은 바위산이 빛바래 희졌는가?
이십여 리 계곡은 수정 띠로 통반석에 누웠으니
봉황이 깃을 펴고 구름 차며 오를 만하다

지름티재 은티재 넘는 산행길 접어들어 보라
수렛길 동쪽 계류 산죽 군락 너들 지대
암벽 안고 돌아가는 샛길 위에
외로운 물푸레나무 또 하나의 분재가 되었으니
용곡 봉암사는 선수 도장 그대로다

산은 도보다 낮으나 신령스럽고
물은 얕다지만 희양산을 감돌지 않느냐
지증 스님 적조탑과 정진 대사 원오탑이 달마
구태여 도헌으로
긍양으로 속세를 맴돌지 말라.

구왕봉 모롱이에 산성 마투리
허허한 인간 흔적이여
허욕 던져버리라는 그 큰 입이여
스님과 대사님의 목탁 소리 들리니
구산선문 희양산은 부처님의 나라로다

*희양산: 문경시 가은읍 원북리 소재. 구산선문 봉암사가 있음.

대야산*

산 산 산
물 물 물
산은 산 위에서 높이 솟았고
물은 물이 모여 맑아지는
대야산아
그리고 계곡이여

지팡이에 의지한 옛사람도
선유 구곡 노래하며 찾아 왔다던가
산고수장 흥에 겨워
용추 소리치는 곳에 학천정 세웠으니
나는 한 마리 학이 되어 대야산에 둥지 튼다.

천장 위에 솟은 산
구곡 물굽이 스쳐가는 맑은 바람
산정 능선 대문바위
하늘 안고 범벅으로 용추에 꽂혔으니
대야산은 한 줄기 물이 되어 흐른다.

대야산정 돌올(突兀)해도
중대봉 촛대봉이 연봉으로 솟았으니
굳이 하늘을 높다고만 쳐다보랴
산이 있어 산이 좋고
물이 있어 물이 좋아
대야산에 자맥질하는 산인으로 살고지고

*대야산: 문경시 가은읍 완장리 소재. 선유동이 있는
100대 명산 중 하나

운달산*

내 발음 어눌한 시절
운달산을 음달산이라 이름하였음에
산은 언제나 으스스하여
내게로부터 먼 곳으로 있었다

운달산 초입 깊숙한 절골 속을 걸었을 때
후미진 그늘 속 속잎 떨고 있는 팽나무와
굵은 몸통이 왼새끼 줄에 감겨 오색 헝겊은 펄럭이었고
빛바랜 성황당 단청과 음기서린 운달도사의 영정
그것들은 나를 산으로부터 달아나게 하였다.

내가 사람으로 자리 잡혀 가던 어느 늦은 봄날
산정엔 헬기 굉음이 일었고
호기심이 나를 단걸음으로 운달산 산정을 오르던 그 때
아! 잠자리는 사뿐사뿐 야생화에 내리고
꽃나비 나래 접지 않았느냐

쏟아지는 찬란한 햇빛엔
맹랑하고 위대한 풀꽃들의 웃음과
산새들의 향연으로 망연자실 숙인 고개 너머로
운달산이 온통 내게로 다가 왔으니
나는 운달산에 안겨 하늘을 우러를 수밖에

*운달산: 문경시 산북면 소재. 운달계곡 신록이 짙고
김용사가 있음.

제 2 부

그 이름 빗돌에만 새기랴

잊기 전에 그려놓은 내 고향

〈시작노트〉

내가 살아온 나날들이 그렇게 화려하지도 않았으며 그렇다 하여 그렇게 비참하지도 않았기에 미칠 듯 그리운 곳이 있느냐고 묻거나 못 견디게 그리워 눈물 흘린 때는 있었냐고 물으면 확실한 대답을 할 수 없음이 사실이다.

그래도 마음 깊은 곳에는 있다고 확실히 말할 수는 있기에 그 마음의 고향이 어디냐고 묻는다면 내가 태어난 유곡이라고 말하겠다.(그럴 리는 없겠지만) 그 곳 모습이 어떠냐고 또 묻는다면 나는 아버님께서 들려 주신 유곡 오동의 오경의 대강을 들은 대로 얘기할 수밖에 없다. 그런데 내가 한 살이라도 나이가 들면 기억이 쇠잔해지기에 서둘러 여기에 시조 형식으로 기록해 둔다.

아버님께서는 당신도 할아버님께 들었다고 하시면서 유곡 오동의 오경 하나하나의 이름을 어느 비 오는 날 내 손목 잡으시고 아래와 같이 조용히 들려 주셨다.

o 마본 : 西星(서녘별)

o 아골 : 蛾弦 (눈썹달)

o 주막 : 風流

o 새마 : 紫煙(저녁연기)

o 한적골[大寺洞] : 鐘聲(범종 소리)

내 고향 유곡

내 고향 풀밭은 이슬도 진주였나
서녁별[西星] 꿈을 먹고 바람에 출렁이면
마본동 성황당에는 오동 신주 모였네

주막동 주막거리 풍류[風流]가 흘렀던가
으스름 달밤에는 옛 정취 나건마는
오일장 섰던 자리엔 잡초만 푸르렀다

앞당뫼 등성이에 눈섭 달[蛾弦] 떠오르면
재악산 산줄기가 쉬는 듯 적막한데
아곡동 관아 터엔 기왓장만 뒹군다

새마을 자연(紫煙)에는 이웃 정 솟구쳤소
제 마음 허허할 때 손잡아 주신 이를
그리워 눈물 지우는 가슴 시린 사람아

대사동 범종소리[鐘聲] 들은 적 없다마는
오늘도 들려오는 마음의 그 종소리
댕그렁! 울리더라도 눈물 아니 지우리

평준화

노인정 노인 방에 거울일랑 달지 말라
네 얼굴이 내 얼굴이고
내 얼굴이 너의 거울이니
몇 개의 주름살 더 늘었다고
머리카락 몇 올 더 적다고 서러워도 말 것이다

살결 나보다 더 희고 머리카락 더 검다고
눈자위 가늘게 얇은 웃음 띠우겠나
모난 퇴침 닳고 닳아 손때 묻은 세월
살아온 그 세월이 속 깊은 뜻인 것을
저승꽃도 꽃이려니 하는 속내 누구인들 다르랴

잃은 권세에 소침하지 말 것이며
가진 재물 믿는 웃음 속으로나 숨겨두라
내일 종말에도 사과나무 심는다는 그 말
빛바랜 흑백사진이며 초라한 자화상인 것을
묻어두고 가야 하는 나날들은 느릅나무 숲이 아닌가

순간의 맥이 억겁이라니
나뭇가지 같은 남은 세월에 속 태우며 울먹이겠나
삶의 안팎이 나와 네가 다르랴만
우리는 언약 없이 만난
미지의 그 곳 향한 승객인 것을

인생이란 말 너무 어렵다
즐거움을 희롱하고 슬픔에 분노하는
살아온 그 세월이 인생이니
자네와 나는 생활 철학자일 터
검버섯 핀 얼굴도 꽃이라 웃으라

신길원* 충렬비

강토 피멍들었던 그 때 문경엔들 문희경서 들리리오.
귀 기울여 봐도 적막강산엔 울부짖음뿐일 것을
대순 마디 잘려지듯 나라 땅은 그렇게 짓밟혔기에
통곡하며 가슴치기에도 급박하였던가
맨몸으로 관인만 움켜쥐고 울었다니
그 순간이 승화되어 옷깃 여며 고개 숙인다

이글거리는 해 가슴에 품으신 임이야
상주목이 떨어졌다는 비보에도
차마 떨치고 조령재 넘어갈 수 없다 하며
스무 명의 관원과 같이 총칼 앞에 맞섰다면
불혹연치 아니라도
포효하는 맹수 발톱 날카로움은 알았을 터

마음 굳히고 사당문 열었음은 효심의 극치
의관 정제 숭모정신 가다듬어 참배함과
부인이 지은 흰 밥 어머님께 진상하였다는
효심 하늘에 닿아 한 떨기 꽃으로 피어남에도
충으로 불효 했다 자책하나 나라님은 정려 내려

만대 효로 표충사에 배향 좌승지에 추증하였다.

이제야 하늘 눈부시게 열렸으니
기릴 사람 기리면서 얼씨구나
충효의 연꽃등으로 충렬사 세운다.
천 년 맺힐 시름 출렁이며 하늘로 날린다.
죽어 청사에 영원하실 충렬비 앞에 고개 숙여
나는 다만 합장 배례한다.

*신길원 충렬비: 임진왜란 당시 문경 신길원 현감의 충렬을 기리기 위한 비. 문경시 문경읍 상초리 소재

청운각* 3제

제1 제 박달 인연

백두산은 백두대간 머리에서 박달나무 키웠다니
주흘산 산자락에 선 박달과는 싱싱한 인연
단단한 박달 인연이라면 그 연분 더욱 단단한 것을
국조단군 왕금 단목 하에 신단수 쌓아
제상 차려 개국 제 올리시듯
트럼펫 구국의 나팔 소리 운판 삼아 울린 임*은
聞喜(문희) 慶瑞(경서) 문경에서 아침을 여셨구려.

제2 제 청운

비듬나물 비빔밥 삼아 주린 배 채웠어도
안으로는 무골의 피 흘렀는가?
깡마르고 왜소한 체구이나 이목구비 크신 임이시여
반도의 큰 고개 조령재 아래에서도
푸른 구름 감도는 듯 청운의 꿈 찾으시고
안개 낀 만주벌을 향하셨다니
청운각 세운 뜻이 눈앞에 보입니다.

제3 제 도서관 선물

임이 보내신 선물의 문경 도서관에 들려
만권도서 목록 펴니 임이 오히려 한 채의 도서관
부국강병 승공 복지 엮으신 그 큰 뜻
만권의 책으론들 필하리까?
궁벽한 골짜기라도 한 폭의 화폭삼아
수려하게 국토 산수화 그리라는
심원한 뜻 도립공원 지정이라 부제 붙여
한권의 책인 양 우리 모두 읽습니다.

*청운각: 고 박정희 대통령이 교사 시절 하숙하던 곳을 문경 제자들이 기념 공간으로 마련한 곳

*임 : 고 박정희 대통령

그 이름 빗돌에만 새기랴

여울지는 동강
찬물결 헤집은 양 손
번쩍 나라 들어 올렸다니
우국에 젖은 넋이
메마른 왕조사에 촉촉한 눈물 짙게 뿌렸구려.

임의 넋이 함함함은
죽어 영원을 살아가는 삶을 꾸렸기 때문이니
빗돌에 새겨질 거룩한 이름
빗돌에만 새기랴
그 이름 빗돌에만 새기랴

내화리 화장문
백두대간 산줄기에 점 하나로 찍혔으나
임의 단심이야 꽃이 되어 피어나니
엄 흥 도* 그 이름
공조 판서 충의공으로 원강사에 제향 됐네

내 심장 주먹만 해도 지구보다 더 무거운데

온몸 바친 충의는 해와 같고 달과 같아
흥도 전에 흥도 없고 흥도 이후 흥도 없다는
영조 대왕 칭송 따라
옳은 일 위해 몸 던진 거룩한 넋
청사에 길이길이 빛나라

*엄흥도: 생졸미상이나 단종의 시신을 거두어 장례를 치른 후 숨어 살았음. 이후 영조 때 정려가 세워졌고 정조 때 공조 판서로 추종됨. 산북면 내화리에 후손이 세운 충의각과 비문이 있음.

만사를 짓는다

해 물고 모태에 드셨다는 *임은
만인의 해가 되어
옥녀봉 달 질 때까지
천지 덮는 산그늘 속에서도
홀로 깨어 들불 밝혔다.

살았어도 죽어가는 이 나라 생령들 위해
죽어 밝게 사신 임의 행적이야
만 권의 책으로 당하리까?
하물며 촌철살인(寸鐵殺人)할 문자 얻지 못하였으니
미련하게 붓 접고 곡할 뿐이다.

의(義)와 이(理)는 도적 토벌의 방패
나라 위한 붉은 마음 천추에 새겨 두고
하늘 대신한 칼 빛 강토에 뻗혔으나
복사뼈 뚫는 간교한 흉탄임을 어이 하리
선혈 낭자하심에도 눈빛 더욱 불덩이였다니…

옥봉 서당* 문 열고 보니
치욕 삼키시고 위대한 삶 혼자서 이룩하였음은
책 속에 뜻을 두신 거룩한 가르침이었다고
송죽 사이에 묵향나무 짙은 향내 뿜기에
영정 앞에 엎드려 만사*를 짓는다.

*임: 한말 의병대장 이강년을 이름하며 뱃속으로 해가 들어온 해몽으로 잉태하였다 전함. 의병 총대장으로 제천 전투에서 복사뼈에 총탄을 맞아 포박 형장의 이슬이 되었음.

*옥봉 서당: 이강년 선생이 벼슬자리에 물러나 향리에서 후학 지도를 위해 열었던 서당

*만사: 죽은 이를 애도하는 글

면사포 씌어 드시소서

한 떨기 수련화로
진흙 속에 뿌리내렸으나 정화수로 자양하니
하늘 받드는 잎에 듣는 물방울은
은구슬 되어 구릅니다.

황소개구리 울음소리도
물뱀 똬리도
물장군 맴돌이도 한낱 물거품일 뿐
습지 진흙탕 속에서도 짙은 향 찾아가는 뿌리임에랴
임*은 샘 깊은 골에 핀 한 떨기 수련화입니다.

목탁 두드리소서.
박달나무 목탁 두드리소서.
목질 단단한 박달나무 속 긁어내어 구멍 뚫었으니
빈 가슴으로도 산천을 울립니다.
무량수불 앞에 서서 산천을 울립니다.
샘 깊은 골에 목탁 소리 울립니다.
임**은 박달나무 목탁입니다.

박달나무 목탁 소리 여운은
수련 향내 싣고
천지에 가득하면
우담화*로 꽃 피운답니다.

우담화 관을 쓰신 두 분
금륜명왕 쌍이 되시어 사뿐사뿐 나리소서
면사포 씌어 드시소서.
우리 모두 합장 삼배하옵니다.

*임: 가네코 후미코(金子文子)

**임: 박열 의사

*우담화(優曇華, Udumbara): 인도의 상상의 꽃나무. 3천년 만에 한 번씩 꽃이 핀다고 하며 그 때는 금륜명왕이 나타난다고 함.

십일면관음보살

수련 만개 액자 속에서
그대 미소 짓더니
한 떨기 연꽃 되어
내 곁으로 아리땁게 다가선다

그대는 연꽃과 같이
진흙 속에서 얼굴 내미나
더러운 흙물에 물들지 않고
교태부리지 않으며
그 안은 영롱하게 뚫려 있다

밝은 꽃대로 서 있으나
마구 넝쿨 엮지도 헤프게 가지 뻗지도 않고
맑은 향기 멀리까지 맑게 풍기되
혼자 우뚝 서서 조촐히 뿌리 내리며
멀리서 바라볼 수 있을 뿐
가까이서 만질 수 없기에 희롱 받지 않는다

빈 하늘에 연꽃 구름 흐르더니
그대 십일면 관음보살상이 되어
꽃잎처럼 살포시 내게로 다가와
눈 속에 조용히 잠긴다

육영수 여사님 영정 앞에서

아흔아홉 칸 고대광실에서 태어나심이 업보였던가요
아흔아홉 인생굽이 겪으셨으니
쓰라림은 산더미 같을 것이었만
안으로 삼키시고 조용한 마음 헤치시는
심지 깊은 고구려 여인인 양 벽화로 서셨습니다.

올망졸망 세파의 인심과 울멍줄멍 격동의 세월
다문 입술 가벼운 웃음 띠우시곤
긴 목 펴 먼 곳을 보시는 흰 옷이 어울리는 *임
서럽고 서러워도 안으로만 눈물 거두셨다니
임은 차라리 한 채의 사당입니다

쉬셔요. 허리 펴시고 웃으셔요
이 곳 문경은
미소 짓는 아이들의 요람지며 만인의 쉼터입니다
아이들을 반기셨던 낭군님도
해를 닮아 천진하셨기에
가슴속으로 소탕하게 웃으셨기에
영정 속에서 이제나마 반기시도록

우리 모두 옷깃을 여밉니다

백합 한아름 받으실 임이
한 떨기 백합되시어 함초롬히 피셨으니
안으로 지키신 이 나라를
임이여 지켜보소서
우리 모두 오열 감추곤 고개 숙여 합장합니다.

*임: 고 육영수 여사. 문경읍 소재 청운각 사당에 영정을 모셨음.

이름 찾기

-한글 기초반 어느 반원 님의 독백

주민등록증에 박혀있는
나이 들어 찌든 얼굴
그게
내 이름이다

이름 잃고 살아온
한 많았던 세월
갓난애 가시나 계집애
이름 아닌 이름으로
이름 없는 천덕꾸러기 되어
이름 잃고 살아온 어린 시절

서럽도록 고달팠던 며느리 시절
행주치마는 차라리 눈물 닦던 손수건
매캐한 연기 속에
부엌데기 아줌마에겐
이름이란 사치인 것을

쪼들리는 어미에겐
아들딸은 차라리 짐짝이 아니었나?
허리 휘도록 끌고 가는 고달픈 삶에
백발 되어 빈 가슴
허망하여 탕탕 두드린다

이제는 노쇠한 몸이나
내 자리 찾고 내 이름 찾았으니
내 이름 쓰는 감격
한글 한 자 한 자로 또박또박 쓴다
눈시울 적시면서

숙청사 탱자나무

세월이 밀려간 자취
숙청사* 기왓골에
이끼 되어 뚜렷한데
와송 사이로 흔들리는 하늘
바람으로 내린다.

햇볕 괸 뜨락으로
오백 년 넘도록 뿜어대는 탱자의 향
마당 가득 차오를 때
온화했던 임*의 후덕 눈자위로 떠올라
옷깃 먼저 여미었네.

해묵은 탱자나무 나이테 헬 것인가
가시 돋는 탱자나무 마당에 서 있어도
마음 울타리
스스로 마음 찔러 새 마음 갖는다니
숙청사 탱자나무 만인의 울타리로 천년을 버틸 게다

70년의 벼슬살이 영화도 겨울 텐데
구태여 가시면류관으로 마음 찌르며
새 마음으로 사당에 무릎 꿇어 조상님께 향화하고
무거운 몸가짐과 빈 마음으로
허 허 웃던 그 웃음 귀감으로 빛날 게다

영의정 큰 벼슬로 19년을 치국하여
태평성대 이루었음에 졸수(卒壽)*에도
나랏님의 부름 간곡했다니
저 들녘 끝자락으로 임의 숨결 퍼지는 듯
숙청사 탱자나무 가시 내 마음을 찌른다.

*숙청사: 문경시 산북면에 있는 황희 정승의 사당

*임: 황희 정승

*졸수(卒壽): 90세

시로 쓸 수 없는 봄을 안고

봄날은 언제나 아련하여 가슴매이는 것
새재골에서도 그리움만 짙어지니
나를 잠재울 노래 찾을 수 없어
허전한 마음 달그림자 밟는다.

봄은 원초적인 짝사랑인가 보다
그리움은 애타도록 새싹처럼 돋건만
정들 사이 없이 흐르는 봄밤의 짧음이여
싫도록 뒹굴고 싶은 한밤이 애달구려!

봄은 나뭇가지에 간이역인 양 머물고
박달나무 새잎도 가슴 찌르니
새들도 깃털 뽑아 봄옷으로 갈았건만
나는 풀쐐기에도 미칠 수 없이
겨울옷도 못 벗다니

달무리는 이 밤에도 지건마는
발 뻗고 눕지 못해
시로 쓸 수 없는 봄을 안고 은하수 바라보는
짝사랑은 언제나 이리 시린가
혼자되어 이 밤을 훌쩍인다.

격조 높은 웃음꽃

예부터 문경에는 역이 있었다.
마원 유곡 문경 역사엔 살 오른 역마
어둠이 빈산으로 번질 때까지
박달 나뭇잎 구르는 맑은 바람 소리 들으며
문희 경서 사연 싣고
가파른 새재 골 고개 마루 넘겼을 것을.

검은 화석 석탄은 태고의 신비덩이
칙칙 푹푹 제 몸 태우며
차가운 레일 위로 철마 달리게 하였어도
뜨겁게 피어올랐던 연기는
옛 정취 갈무린 채 추억되어 황홀히 떠오른다.

달빛 실은 열차 레일 위로 미끄러질 때
낭만은 안개 되어 온천장에 퍼지고
강물 소리 더 푸르게 정감 흘리니
점촌동 점촌 역은 만인의 쉼터
격조 높은 웃음꽃 오늘도 피어나라

제 3 부

약돌 돼지머리의 웃음

배추

배추는 고구려의 여인이다
풍만한 육체
연한 속살
벗겨도 벗기어도 추상화 같은
심지 깊은 고구려의 여인이다

그토록 연한 속살
저렇게 샛노란 속잎
한입에 와싹 깨물고 싶을 때
제 몸 쪼개어도 안겨오는
배추는 순한 연인의 속정이다

쇠약한 가을볕에서의 옹골찬 결구며
끝자락 삶에서도 속살 불리는
싸늘한 하늘 아래 제 홀로 버티는
겉잎 너울거리는 배추는
정절의 여인이다
나는 지금 차가운 마음으로
여인의 성체 앞에 서성이는
싸늘한 심정이다

문경 사과

빗장 열어 속살보이는
문경이라 관문에 들면
햇살 받아 맛살 불린 사과를 맛볼 게다
순한 햇빛 시린 달빛 밤낮으로 몸을 키운 호사로움
문경에는 속향 깊은 맛깔스런 사과가 있다

휘어진 가지 잡고
꽃잎 따는 여인들이
문경 아리랑 배음으로 애잔히 깔았으니
씨방에는 열애의 격정
살랑이는 봄바람에
결 고운 문경 사과 가지가지마다에 눈을 뜬다.

검은 구름 천둥소리에 여름이 다 지나도록
수줍어 잎 속에 숨어 크는 풋 사과
이슬로 꿈을 덮고 밤마다 하얀 바람 쐬며
속살 같은 문경사과 탱글탱글 자란다.

깊어진 가을 햇살 얇은 산기슭에
누런 잎사귀 밀치며
수줍게 내미는 빨간 얼굴이여
문경에는 해를 닮는 사과가 있다

임금(林檎)이 능금 되고
능금이 사과 되듯
고사리가 문희 되고
문경이 된 역사의 텃밭에는
꿀맛 깉은 문경 사과 영원으로 자란다

귀로 먹는 매운탕

진남 교반 난간잡고 매운탕 먹을 때면
그 부릅뜬 어목에서
매운탕 향내 보다 더 진한
고기들의 한이 김 서리는 저 편에서
절규 되어 들림은
진남천의 흐름에서일까?

두고 온 새끼들 걱정에
차마 눈이 감기지 않는다는
팔딱 뛰는 피라미와
수염 기른 잉어며
입 넓은 메기 그들의 한이 환청으로 울린다.

등에 칼을 꽂고 물살 가르며
제 종족 위해 꼬리쳤다는 쏘가리
꾸굴이 꺽지 모래무지 텅어리까지
모천 그리운 빛나는 안광이여

제 살 떼어주면서도
번쩍이던 비늘 옷 입고
한 때는 물살 가르며 살았다는
그 소리를 나는 보고 있다
그 소리를 먹고 있다.

갈대 사라지고
모래자갈 걷는 개발이면
강물이 마른다고
뼈를 가는 분쇄기 안에서도
윙윙 부르짖는 고기들의 외침 들으며
나는 매운탕을 귀로 먹는다

약돌 돼지* 머리의 웃음

약돌 돼지는 달마의 화신
남을 위한 삶이 스스로 대견한가?
머리 잘렸어도
저렇게 허허 웃지 않느냐
돈을 물고서도
절을 받으면서도 후회 없이 웃는
생을 달관한 약돌 돼지라
머리가 삶겼다면 골은 푹 익었을 게다

다른 것들의 삶을 위해
시킴으로 한세상 살아온 약돌 돼지
전생에 맺은 업보 너무도 무거운가?
훌륨 게르마늄 마그네슘 그리고 나트륨이
살 속으로 스며들도록
거정석(약돌) 환약을 던지는 대로
꿀꿀 그렇게 먹으며 살아 왔는가 보다

삶겨진 머리 위에서도
계산으로 칼춤 추는 잔혹함을
허옇게 솟는 김 속으로 바라보아야 할
슬픈 혼은 승화되는 것
먹어도 먹었어도 살만 찌는
하얀 삶이 서러워 웃는다.

돌을 약으로 먹으며 살아온 처절한 역정
끝내 허허 웃으며 마쳤으니
다가 불포화산과 필수 아노미산이 증가되어
육질 쫄깃하고 구린 냄새 사라졌다고
손뼉 치며 헛배 불리는 잔인한 인간이라도
약돌 돼지의 슬픈 혼을 흔들 수는 없을 게다.

*약돌: 문경에서만 생산되는 거정질화강암으로 보통의 물을 알칼리로 만드는 신비한 효능이 있다고 함.

동로산 오미자

황장산 청솔 향내
천주봉의 고운 햇살
밤낮으로 머금으며 함초롬히 자랐으니
속 맛 더욱 깊었는가.
아리따운 그 자태
동로산 오미자는 심청이의 환생이다

오욕 버려 얻었다는 맛 다섯
오복으로 버무리는 오미자
맛깔스럽고 태깔스럽게
경천호 바라보는 반짝이는 눈빛
암반 지하수로 제 살 불리곤
잎속에 수줍게 살아가는
고개 숙인 처녀보살
동로산 오미자는 심지 깊은 심청이의 환생이다

촛대봉 촛대 바위 아래 시루떡 차려놓고
촛불 밝히는 붉은 정성으로
말갛게 익어 가는 오미자의 엑기스
선홍빛 피의 순수함이여
제 몸 바쳐 건강 주니
동로산 오미자는 효심 깊은 심청이의 환생이다

표고의 지혜

표고의 간사함이여!
너는 정녕 흙과 연이 닿지 않았기에
굴참나무 껍질에서 나와 거기에서 기생하니
근본 없는 여인처럼
뿌리털도 잘렸구나.

흑갈색 얼룩무늬의 균모
가는 줄기 대는 가녀린 여인의 허리
포자낭이 촉촉하여 종균이 퍼지도록
스스로 그늘 쓰고 습지에 든다니
모성애 기특하여 나는 겨우 연민의 정 띄어 보낸다.

표고는 평생을 우울해야만 하는가?
균사 무리지어 청천 광야를 날 수는 없기에
오늘도 비를 맞으며
음침한 그늘 속에 스스로 든다하니
차라리 안락사로 발 뻗고 누우라

죽어야 해를 맞는 너였기에
닭등 타고 짙은 향내 뿜으며
가마솥 기름 속에서 영양밥 되어가니
표고의 지혜로움에 더 맛나지 않겠느냐?
나는 너를 맛있게 씹어 삼킬 게다.
나는 다만 배를 채운다.

막걸리와 흑두부

물에서 불이 나온다면 믿을 리 있겠냐만
고려인들은 '수불(水火)'이라 이름하고
술은 물에서 불이 나온다는 말이라
이방인은 *계림유사에서 지적하지 않았느냐
발효의 신비로움 키워 온 겨레 정성
술에는 수천 년의 세월이 효소되어 흐른다

삶의 애환이야 예와 이제가 다름은 없을 터
너와 나의 애와 증
그와 저들의 눌림의 설움도 버물었고
눌리면서도 살아온 우리들이었기에
정겨움이 발효된
막걸리를 막 마시고 싶다

안주(按酒)를 안주(安住)로 쓰고파진다
편하고 안심하게 한시름 놓고 싶어
마구 빚지 않은 쌀 막걸리
궁합 맞는 흑두부 안주로
편안하고 가볍게 마시고 싶다

검은 콩이 굴러 흑두부로
쌀이 밀을 만나 탁주를
일 배 일 배에 흑두부 한두 입이니
옥로잔에 섬섬옥수 따르는 술잔 두고
막사발에 잔 잡아 마시련다

*계림유사: 고려시대 송나라 손목이 개성말 356개를 추려서
한자로 기록해 놓은 책

중앙시장* 채소거리

중앙시장 채소전은 아낙네 거리
모여드는 여인네야 도토리 키 재긴 걸
올망졸망 보따리에 푸성귀 이고 들고
열린 지갑 도톰해도
셈 따라 떨어지는 동전 한 닢

외진 구석에 모닥불 피어오르면
열기 따라 지껄지껄 흥정이 일고
알싸한 매운 내에 눈 비비면서도
한 움큼 덤을 잡고 주며 빼는 손보다
입술에 달린 웃음 더욱 붉구려

꽃시계 열두 점에 그림자 짧아지면
알찌개 보글거리는 김서린 먹자 거리
언니야 아우님아
냄새보다 구수한 대화
잔잔히 퍼지는 정겨움
오늘을 안고 사는 가슴 하얀 사람들

해거름이 들기 전에
가야 할 길이련만
식어버릴 토막 시간
끝을 잡고 흐느끼니
아쉬움에 달뜬 마음
조용조용 다독이어라

*중앙시장: 문경시 점촌동의 재래시장

감자를 심는다

감자 토굴에 김서렸어도
삶은 감자 한 물박 담겨 있는 듯
퀴퀴한 냄새에 구수함이 연상됨은
할머니의 환영 때문일까
먹거리보다 더 진한 삶의 체취로
씨감자엔 움싹 돋아났구려.

2월 황량한 들판에서 감자 심으니
딸 아이 시집보내는 허허한 가슴
고랑에 떨어지는 씨감자의 싸늘함이
흙 덮는 손보다 더 애처로워
수확보다 싹 틔울 생명력에 북 준다

깜빡이지 않는 씨감자 눈이련만
입과 귀도 없는 씨로서의 쪼갠 분신이련만
씨앗보다 더 튼실하게
터 잡아 뿌리박음 하겠다는
온몸으로 하는 말이 옹골차다

하늘에 새 날고 땅에 꽃 피면
씨감자도 싹을 밀 테니
시린 공중보다
대지는 더 훈훈할 것이기에
2월의 하늘 아래에서 감자를 심는다.

메밀묵은 메밀에서 나왔다

분홍치마 두른 허리
줄기라 이르기엔 너무나 가냘픈 것
가을바람에 한들거리는 연초록 잎사귀는
저고리 입은 여인의 섬섬옥수인가
잎이라고 부르기엔 서럽도록 청초하다

손 내밀면 닿을 만한 텃밭에서나
산록 외진 들판에서도 군락으로 흰 꽃 피어
달빛 더욱 희도록 서로를 보듬더니
하늘 넓어지고 들판 황량한 늦가을에서야
눈물 그렁그렁 검은 메밀로 맺었구려!

세모진 낱알 너무 앙칼졌다고
혼탁한 색깔 우중충하다 하더라도
자기 색깔 지키려는 매몰찬 본능이기에
나는 한 톨의 메밀을 잡고
나의 허술한 의지만 가늠해 본다

메밀묵이 사발에 담겨 묵사발*이라지만
메밀묵은 뿌리 노란 메밀에서 나왔으니
오색 찬연한 메밀의 삶 그대로가 아니냐?
일그러지지 않은 메밀의 일대기여
메밀묵은 메밀에서 나왔다

*묵사발: 일이나 물건이 몹시 일그러지거나 망그러진 상태임.

겨울 연가

쫓기듯 살아가는
마음 여린 70객
지은 죄 없었다고 고개는 들었건만
산 세월은 허망하니
차라리 이불 덮고 알몸으로 누우련다

하루하루도 허허하고 시린 마음
한숨 섞인 입김으로 날리려니
소리치며 달려온 겨울밤은 연인인가
마음 정갈히 고쳐먹고라도
밤 세워 다독이고 싶다
따뜻이 잠재우고 싶다

공연한 서러움이 더 서러워
마냥 눈웃음 웃어봐야
야윈 몸 정줄 곳이 어디엔들 있으랴
겨울은 온통 맨몸으로 다가온 듯
파르라니 떨면서도
밤새우며 문풍지에 수줍게 숨는구나

달떠 있는 겨울밤이
눈물짓는 여인처럼
치맛자락으로 나를 감싸안는구려
달빛 시린 겨울밤을
놓기 싫어
보내기 차마 싫어
서럽도록 흐느끼며 겨울 연가 퍼뜨린다

나는 한 마리의 나비

입하목* 아래 서니
전설은 고단한 나래를 접고
나는 한 마리의 나비로 되어 꽃잎에서 졸았는가?
배고파 서러웠던 어린 시절
애잔한 추억이 모깃불처럼 피어오른다.

이밥나무* 꽃술 위로 김은 서리고
소복 입으신 어머니의 푸른 미소
보랏빛 추억으로 드러나는 하얀 이
퍼렇게 멍든 가슴
애틋한 신기루로 현현되니
나는 홀연 목이 매여 흐느낀다.

낮은 길어 더 먹어야 했고
밤은 짧아 더 자야 했던 그 시절
피보다 진한 진실만이
구구 우는 낮 비둘기 울음 속으로 흘러
꽃향기보다 짙고도 알싸하다

훈풍 일어 출렁이는 대지 위로
이팝나무 향내가 물결처럼 넘실대니
나는 한 마리의 나비로 되어
이팝나무 꽃그늘로 잘도 숨지만
내가 잡은 이팝나무
지팡이 되어 나를 받쳐주고 있다

*입하목 · 이밥나무: 이팝나무의 다른 이름

소나무 웃음소리

푸른 소나무가 웃는다면
소리도 사철 푸를 게다
향 짙은 푸른 기상과 당당한 위풍은
소나무의 생명력

소나무 선 자리 어디 산비탈 뿐이겠느냐
너럭바위 가는 틈새에도 뿌리내리며
들판이든 공원이든 뿌리 박아 자라는
그늘 신선한 소나무
나는 사뭇 바라만 본다

내 앉는 자리 불안하였고
내 설 자리 못마땅하여
이리 기웃 저리 기웃 삶의 변두리 돌며
일흔이 넘도록 살아왔기에
저 산자락 끝엔 아롱무늬 보금자리 있겠는가
무지개는 저 산 너머로 걸렸었네

소나무다
소나무야
하늘 향해 두 팔 벌려 소리치며 웃었더니
소나무 푸른 웃음으로 나를 쳐다 보더군

빈 콩 꼬투리의 말

툭! 떨어지는 오동잎 한 잎에
천하에 가을임을 누가 모르랴
철벙! 하고 떨어지는 조약돌 하나에
호수 일렁이는 푸른 동심원 그리지 않으랴

툭! 가을 볕 속으로 튀는 콩알
혼자서 살겠다는 생명체의 절규
저벅! 대지 밟는 까투리의 발자국도
거친 세상 딛고 서려는 강한 의지

소리 밖에 뜻이 있다.

누렇게 죽어가는 어미 몸에 붙어
하얗게 말라가는 빈 쭉정이의 꼬투리
사모의 마음
모정의 애정

떨어질 수 없는 빈 콩꼬투리
헤어질 수도 놓을 수도 없다는 말
나는 그 말을 들을 수 있다
그 말의 뜻을 알 수도 있다

제 4 부

순환열차

몽돌 해변

굴곡 된 내 삶의 족적들을 스스로 모으니
모나고 거칠어 돌무더기 되었다.
삶의 터전은 채석장 막장과 같으니
산록 비탈에 돌을 쪼는 석수장이는 바로 나
날카롭게 쪼개진 자갈더미를
헤어나고픈 마음이라 튀는 돌조각보다 먼저
고향을 떠났음을 난들 어이하랴.

맨발 되어 걷는 남해의 몽돌해변에는
동글동글 촉촉한 물때 입은 몽돌들 깔려
자근자근 소리내며 발바닥 간질이는데
내 눈은 바다 멀리 수평선에 머물렀고
그 너머로 맴을 도는 고향 하늘
헤어나고픈 마음이라 튀는 돌조각보다 먼저
고향을 떠났음을 난들 어이하랴.

박제 인간

-아쿠아리움 낚시 체험관에서

꽃바람 4월이면 솔잎도 짙게 물든다는데
나는 박제 인간인가 마음엔 봄기운 일지 않고
햇살도 물살 같이 귓전으로 흐를 뿐이니
시린 하늘 이고 발을 동동 굴러 봐도
금속성 이는 구멍 뚫린 가슴
4월은 그래서 잔인한가?

물빛 더 푸른 단양에 드니 별 붉은 햇살
대지 보듬는 아늑함에 빠지련만
휘청거리는 몸은 마음을 가눌 수 없어
다누리* 아쿠아리움 들렀더니 침잠된 젊음
긴장으로 입질하듯 팽팽히 다가섰다.

쏘가리 입 벌린 터널로 들어온 낚시체험장은
추억이 낚이는 낚시터다.
잉어 가모치 메기 뱀장어 월척 붕어들…
살생의 짜릿함을 만끽하는 로봇이 나였나?
빠가사리* 매운탕에 침 흘리는 인간이라면
차라리 박제 인간이고 싶어라.

의림지의 물안개 너머에 어른거리는 정을 담은 채
청풍호반의 명산기행이니
하늘이 품어 땅을 낳았다는 단양에서야
구운봉 옥순봉 도담 삼봉의 전설 깔린 절승
올망졸망 봉봉마다 이야기꽃 피어나라.

*다누리 아쿠아리움: 단양에 있는 민물고기 수족관

*빠가사리: 뼈가 많은 민물고기

청학동 사람들

지축 기울어진 채 자전 공전 다 한다 해도
청학동 사람들은 바르게 걷는다.
상투에 흰 버선 신고 삼신제 올리며
배달겨레의 마음 바로잡아 횃불 드는
청학동엔 사람이 있다.

하늘 아래 아닌 동네 어디엔들 있으련만
하늘 이고 기를 세워
천지의 새벽 열곤
무거운 정성으로 맷돌 돌리며
삼신을 아우르는
청학동엔 도인이 있다.

푸른 물 흐르는 골 깊은 청학동엔
푸른 학 타고 창공 누비는 한풀 선사님
삼성궁 넘나들며
일구월심 돌탑 쌓아
하늘굿 삼신맞이 배달민족의 성전 지키는
청학동엔 선사님이 있다.

맷돌은 천지의 조화
홍익인간 이화세계의 정신을 가다듬어
열린 하늘 큰굿으로
배달겨레의 화합의 장 터 닦아
이상향 불 밝히는 청학동 사람들

순환열차

나는 한 그루의 나목처럼 마음은 흔들리고
배낭 멘 젊은이들의 싱싱한 스침을 만나면
가슴에는 시나브로 구멍이 뚫리는 듯
허허한 마음 달래려
순환열차에 몸을 싣는다.

기차는 경적을 울리지 않음에도
미끄러지며 계곡을 지나고 산굽이를 돈다.
협곡의 여름은 차창에서 흐르고
백두대간 산그늘이 두터워지니
오감 만족의 쾌적함이 피부를 스친다.

젊음이 늙음에 이름은 일방통행인 것
삶을 여행이라 해도 순환일 순 없기에
해가 가고 달이 기울듯
어제와 오늘도 일과 휴식의 되풀이 뿐이니
순환이란 이름은 가벼운 역설

분천역 계곡 오동나무 그늘 아래
숨어 익는 산 복숭아의 홍조도
순환이란 이름 지을 수 없는 것
협곡 열찬 협곡으로 빠지고
계곡 물은 계곡으로 빠지는 일방통행일 뿐

객관화

내가 케이블카에 몸을 싣고
통영 섬 바다와 세상을 내려다보며
환호하던 그 시점에
친구 0홍은 운명하였으니
생과 사로 갈라지는 객관화의 순간이었네

환호할 만큼 쾌적한 통 속의 공간
푸른 바다에 떠 있는 점점의 섬들
인간이 사는 곳은 어디나 섬이었으며
누구나 통 속에 갇혀 생활한다는 말
그 말은 주관이리라

이제 자네는 투명한 혼으로 되어
무한의 우주를 날고 있으리라만
굳어진 육체는 돌관에 들 게고
흙에 묻혀 흙으로 돌아갈 것 아닌가?
내가 통 속을 나오듯이

자네가 머물 곳이 천당인지 극락인지를 모른 다는 것과
내가 머물 곳이 아방궁이 아닌 붉은 벽돌집이듯
자네와 나와의 사이가
한 잔 술에 정겨워 밤을 지새운 날들이
나의 뇌리에 맴돌기를 바라며 영전에 절하려네.
객관화로 빙긋이 웃어 주게나.

청송 할배

산 있어 솔 있고
물 있어 사람은 사는 것
산 좋아 솔 좋은데
청송 물 더 좋으니
청솔 할배 진작 웃었겠다.

애초에 청솔 할배
허연 수염 날리던 단군이었나?
널리 인간을 이롭게 하고자
물로써 번쩍 뻔쩍 불 밝혔으니
이제 청솔 할배 허허 아주 크게 웃겠다.

청송호 푸른 물빛
노래산 푸른 솔
산과 물이 어울려 자연 한껏 빛남에야
망향의 동산 앞에 무리지어 들썩들썩 추는 춤에
청솔 할배 가슴으로 웃겠다.

불이란 신이 그 능력을 보여주는 도구인 것을
산 위에 물 담그고
땅 밑으로 물 흘려
터빙 돌리는 인간의 지혜로 불 밝혔다 해도
물과 땅은 영원하고
솔과 사람 영원으로 어울림에야!
이제야 청솔 할배 발 뻗고 웃겠더라.

해녀상

천지연 향해 고개 숙여 땅길 가는
웃음 지우고 가야 할 길 걷고 있는
현무암 해녀상은
천지 뜻에 순응하는
여인의 상 그대로다

무거운 삶 물허벅*에 담아
요 바당에* 뛰어드는
냉바리*의 깊은 심지
현무암 석질보다 더
굳고 굳어 단단하다

지각에 쌓여 억눌리며 사는 삶
그 삶이 너무도 분해
이글거리며 지각 뚫고 솟은 마그마
화산으로 용암 분출하였다니
현무암의 알갱이야 반항심의 엉김인 것을

물에서 태어나
물을 안고 한평생 살아 온
마음씨 고운 해녀상은
죽었어도 물을 향해 기쁨 담고 가는
간결한 설법 그 자체다

하늘에서 쏟아지는 천지연 폭포수
소리쳐 용추에 꽂히면서도
자욱한 물안개 사이로 해녀 안고 승천하니
황홀하여 눈물 흘리는 나야
그저 왜소할 뿐

*물허벅: 제주도에서 쓰는 물동이

*요 바당에: 여기 바다에

*냉바리: 시집간 여자로서 제주도 사투리

효탄 온천수

붕정만리를 날아 왔다지만
나는 겨우 손바닥만한 공간을 헤매고 있었구나.
벳부* 화산 지대 온천수 노천탕에선
성근 빗방울 알몸으로 맞으면서도
너희들이 펴 주는 우산 받고 서 있었구나

허옇게 솟는 물안개 사이로
살붙이들의 환한 웃음 피어올랐으니
효 탄 온천수
정에 달아 뜨겁기를 더하구나.

아들딸
며느리 사위들의 고마움과
손자 손녀들의 재롱이
이슬 되어 내 눈자위에 서렸고
따뜻함이 가슴을 적시었다.

내 가는 곳마다 양탄자 깔려있듯
내 닿는 곳마다 정겨움 깔렸기에
정갈한 로비에서도
나는 흩어진 나를 주울 수 있겠더라

*벳부: 화산 온천 시설이 잘 되어있는 일본의 도시 중 하나

장가계의 신선

만 리 길 날아 왔다 귀빈으로 반기는 듯
습윤성 날씨에도 해님 나와 나를 맞으며
춘등으로의 길손 접대 푸른 웃음 머금은 채
안개 위 하늘에서 손 흔드는 신선들 보이기에
경건한 마음 열고 옷깃 여민 근신으로 계단 밟는다.

5억만 년 잠 안 자고 다듬은 신선들의 피조물
보이는 산수경은 신선들의 특구라 소리치고프니
석수들의 정 소리 안 들린다고 조탁이야 그쳤겠나
화공들의 붓놀림은 백만 평 화폭에 십 리 화랑 펼쳤으니
눈길 뗄 곳 없이 잔도로 떠밀리는 나그네의 황홀감이여!

삼천 기복 팔백 계곡선 풍경화 질펀히 펼치면서
기화이초 진구 수목들 초록으로 점점이 뿌려 놓고
석영 모래 하늘 받칠 기둥 곳곳에 세웠음이 놀라워도
내 어이 미궁이라 헤매면서 촌각인들 허송하랴
청학이 홰를 치는 선경에 도취 된 듯 스스로를 웃겠네.

황룡이 지났다고 황룡 동굴이라 이름 하나
굴을 지나갔음이 어이 황룡만이라 이를 건가
바람이 물을 흘려 지하 폭포로 소용돌이 쳤을 게고
물길 따라 황룡들은 석회암에 억만 년의 눌림이 서러워
방울방울 빗방울로 꺼이꺼이 훌쩍이며 흘린 눈물
석순 종유석 석주 석만을 동굴 가득 세웠도다.

독도를 매만지다

애오라지 밟는 일본 땅
복강거리 낯선 얼굴들
주판알을 닮은 눈들과 그리고 입술들
하이! 그 소리 귀청을 때릴 때마다
머리끝이 쭈뼛하여
내 마음 독도를 매만지다.

주름진 역사 안고 누워 있는 구마모토성*
복원공사로 넓어진 성벽
높아진 천수대* 퇴색되는 원형 앞에서도
가토 기요마사* 초상화엔
사무라이 눈빛만 날카로워
내 마음 독도를 매만지다

네델란드 짝퉁 거리 하우스텐보스엔*
엔화 부풀리는 이벤트 푸짐해도,
동해의 격랑에
반도의 관문되어 억겁을 버텼으니
독도는 차라리 소리치는 민족의 운판인 것을

그 소리 영원하도록 일본 땅 밟고서도
내 마음 독도를 매만지다

*구마모토성: 일본 3대 성의 하나로 1607년 가토 기요마사가 건축한 성

*가토 기요마사: 임진왜란 당시 왜군의 장수로 우리나라를 침략한 일본의 무장(가등청정)

*천수대: 성의 전망대

*하우스텐보스: 네델란드 운하를 모방한 일본의 도시

독도가 외로우랴

전설이 저려진 까무레한 태고부터
주름진 시간의 흔적으로
섬 바위에 매달린 속 쓰린 소라껍데기처럼
독도는 그렇게 이 땅의 관문으로
억겁을 버티었다

구름 위로 달 지난 자취
바람 없이 사라져도
뱃길 열린 바닷길 땅 길보다 뚜렷한 것
오천 리 풍랑 길은
반만 년을 노 저은 길이었네

종이에 그린 지도 그리는 이의 마음이랴
바다에 그은 선 긋는 이의 마음이랴
출렁이는 해류의 물살 따라
대한의 피붙이로 얼굴 씻으며
그렇게 영원으로 자랐음에랴

수평선이 그러하듯
독도는 텃밭
유빙하는 물고기 노닐도록
머리 푼 산호초 제 멋 겨워 일렁이도록
자연 섬 자연대로 두어라

오! 너의 마음
독도에 묻었다면
나의 눈 거기에 박혔으니
독도가 외로우랴
독도가 외로우랴

바다의 연꽃

독도는 애초부터 한반도의 배꼽
하늘 기운 성운 되어 마그마로 흐르는
지하 암반은 탯줄이다.
무진장의 보고
물속에서 잉태하니
대한이여 영원하라.

억겁을 출렁이는 동해의 격랑에도
해돋이 지나 해짐에 이르도록
촘촘히 시간대로 소리치니
독도는 차라리 민족의 운판
배달겨레 백의의 혼
꽃 불되어 빛나라

괭이 갈매기 떼 하늘에 가득하고
강치 무리 울부짖는 자연 섬엔
섬새 바다제비 용오름에 짝짓기 한다.
섬괴 불나무 사이에는 부나비 군무
몰골 억세 밭 아니라도

우리 모두 춤을 추자

동해의 격랑 휘돌아 가면
바다 위엔 연꽃 한 송이
뿌리 뻗고 입 벌리면
알알이 쏟아지는 심해의 자원이여
너와 나의 독도는 바다의 연꽃

대왕이시여

- 감포 포구에서 대왕암을 바라보며

갈매기 나래 접는 이른 아침 감포 포구
바다는 출렁이며 하늘을 토해낸다
죽어 살아 있는 대왕암의 진실은
살아 흘러오는 혼이 서린 역사의 파도인가
물안개 뿜어내는 포말의 위용 앞에
나는 다만 고개 숙여 흐느낄 뿐

하늘로 나는 것이 갈매기 만이랴
땅을 구르는 것이 조약돌 만이랴
문무 대왕의 호국 넋이 護國龍의 화신되어
하늘을 날고
땅을 구르니
한줄기 햇살 금실 되어 꽂힌다

만파식적 전설이 빈 가슴 적셔 오면
역사의 향기 솔바람에 실려 온다
죽어 동해를 지킨다는 대왕의 넋을 기리는
호국의 정신
독도로 흘러 주자

바다가 우는 데도 너와 내가 안 운다면
아! 독도를 어이하랴

파도가 부서지는 대왕암 바라보며
천 년 묵은 울분 바위에 던져두고
합장하는 마음
대왕이시어
대왕이시어
감은사의 만종 소리 들어 주소서
나의 벗은 마음 나를 찾아 맨발 되어 헤맨다

바다는 사뭇 육지였다

— 진해만 독도함 선상에서

진해만 앞바다에 뜬 독도함 6×××호
독도를 싣고도 온 나라 실은 채
듬직하게 일렁이니
나 이제 함성 지르며 달리련다.
수평선 향해 달리련다.

바다는 사뭇 육지였다.
눈가늠 어려운 길고 넓고 높은
원추형의 입체 덩이
격납고에 실려 있는 수대의 정찰기엔
하늘이 빙빙 돌지 않느냐?
사방으로 차려 놓은 레이더는
그물보다 촘촘히 좌표 설정한다니
나 이제 바다를 안고 독도 품에 안기련다.

잠들지 않는 파도 소리
밤낮으로 철썩이듯
진해 기지 교육 사령관 잠들 수 없다는
포효하는 상륙의 지휘 소리 독도에 새겨 두고

쉼 없이 교신되는 관제탑의 송수신 금속성이며
하늘 위에 펼쳐놓은 전자 망
흰옷 사나이들의 무거운 입술에는
독도를 맡기소서.
바다를 지킵니다.

독도함 6×××호는 철교보다 튼실한
독도의 연육교다
온 바다의 연육교다
화답하며 웃는 나는 선상에 있다.

감포 포구

그렇게 물때는 밀려가고 오는데
감포 포구 겨울은 갈매기 계절
시린 발 종종거려도 을씨년스럽지 않으며
비상하는 날갯짓이 소란하지도 않다.

새하얀 모래톱에 댓잎 발자국
밀려온 파도에 젖은 채 어지러이 찍혀 있더니
갈매기 무리지어 사뿐히 앉는다
바다 위를 날아도 땅 위를 걷는 때문일까

겨울 갈매기 조약돌 조약밭 걷는
종종걸음과 철썩이는 파도,
화들짝 펼치는 날개짓 사이로
결 고운 햇살이 파르라니 떨린다

해 설

마음으로만 볼 수 있는 것들

변 학 수

(문학평론가, 경북대 교수)

우리는 일반적으로 눈으로 볼 수 있는 것들이 많다고 생각하지만 실제로 우리 삶에는 볼 수 있는 것들은 아주 제한적이고 볼 수 없는 것들이 더 많다. 가령 밀가루와 농약은 비슷하게 보이지만 그 성분이 너무 달라 촌로들이 가끔씩 사고를 내는 경우가 있다. 특히 우리가 마음으로만 헤량할 수 있는 것들 중에는 이런 것들이 더욱 많다. 사랑과 우정, 믿음과 그리움 같은 보편자들이나 슬픔, 죄의식, 긍지 같은 감정들은 가시적인 눈으로는 도대체 판단할 수 없는 것들이다. 그러고 보면 우리는 왜 시인들이 볼 수 없는 것들을 볼 수 있게 하기 위해 저토록 언어적 노고를 아끼지 않는지 이해할 수 있을 것이다.

대체로 우리가 현대의 시를 읽으면 어느 공간에서 읽어도 무방할 미학적 원칙을 따라 만들어져 있다는 것을 알 수 있다. 그러나 노두원 시인은 이 시들을 통해 삶을 시로 표현하고 있을 뿐 아니라 시적인 삶을 살고 있다는 것을 보여준다. 가령 “애처로운 암탉은/맨드라미 씨앗만 쪼아댄다”는 특별한 시구들은 단어들의 총합 이상을 함의하고 있다. 지난 시절 을씨년스런 농가의 고적함과 삶의 팍팍함을 경험하지 못한 세대들에게는 절대로 열리지 않는 비밀을 간직하고 있다. 이런 것들은 대개 생활의 공간을 떠나면 그 의미를 상실하고 만다.

그렇기 때문에 처음부터 시인에게 시는 미학적인 원칙이 아니라 삶의 원칙에 의해 쓰였다는 것을 알 수 있다. 특히 그 장르 또한 자신의 삶을 중심으로 서정시, 서경시, 서사시의 장르를 넘나들고 있어서 마치 시인이 시에서 어느 순간 불쑥 튀어나올 것만 같은 느낌을 주고 있다. 그래서 그의 시들은 "존재의 집"이 아니라 '존재' 그 자체다. 듣기에 따라 유별할 수 있지만 사실 시인은 문경이라는 삶의 공간에서(비록 후반부의 시들은 외유(外遊)의 공간을 다루기도 하나) 이루어진 것들이다. 대체로 현대시가 자신의 공간을 넘어선 심상의 영역에서 이루어진다는 것을 감안할 때 이 시집의 시들이 보여주는 것은 삶의 공간 그 자체다. 여기서는 고대로부터 함께 지녀온 믿음과 지혜, 아름다움이 마치 시골장터에서처럼 공존하고 있다.

우리는 잃어버린 것들만 그리워할 수 있다. 그리고 그리워할 수 있는 것들만이 아름답다.

이 시집 『눈을 감아야 보이는 곳』은 그 대상이나 서경의 공간이 주로 시인이 태어나서 삶을 영위한 문경이라는 구체적인 공간이다. 그러나 새재를 필두로 한 문경 팔경, 견탄리, 구랑리, 농암, 영강, 석탄박물관 등은 그저 지리적 위치를 나타내는 고유명사만일 수는 없다. 이 공간들은 시인의 가슴으로 직조되어 있고, 그것은 곧 시인의 존재의 집들이다. 이젠 산업화의 거센 물결로 많은 부분

사라졌거나 변화된 풍경이지만 시인의 가슴속에서 그것은 추억이라는 아우라를 간직하고 있으므로 우리가 대하는 그런 공간과 시인이 보는 공간은 가히 거리가 있어 보인다. 그러므로 이 시집의 시들을 읽으면서 시인이 보는 것은 눈을 감고 그 스스로만 볼 수 있는 것이라고 감히 추론해 볼 수 있다. 그의 시들은 이런 의미에서 반어, 역설, 비장, 숭고의 예기(銳氣)를 보여주고 있다.

훌쭉해진 미루나무 위에
야윈 가을 해 걸리면
애처로운 암탉은
맨드라미 씨앗만 쪼아댄다

시린 마음 달래려 국화 꽃잎 따던 손
물보라 엇비치는 견탄(汱灘)여울목에 씻으려니
꽃비 내린 앞산 흔들리고 있다

물결대로 일그러진 내 얼굴 위로
곱게 차려 입은 여인의 우아한 자태
조용조용 내게로 다가온다

외진 골로 꽃상여 떠나가기 전에
한 매듭 풀고 가는 누런 들판 속
능금 향 가득한 그 길을 가로질러

가을이 온다. —「견탄리 가을」 전문

이 시를 통해 시인이 지난 제1시집 이후로 언어적 조탁에서 많은 발전을 보이고, "일그러진 얼굴"과 "외진 골로" 떠나는 "꽃상여" 같은 특별한 이미지는 우리가 "시린 마음"으로 보낸 고향이라는 삶의 구체를 떠올릴 기억의 터를 제공한다. 시인이 가져오는 이런 이미지들은 구체적인 경험을 서정적으로 처리하면서 역사적 공간에서 발생한 시적 의미를 그려내는 데 성공하고 있다. 시인이 그리는 공간이란 도시화의 대열에서 낙후한 시대의 체험으로써 다만 그 존재론적 위치만 있을 뿐 실제적 공간 어디에서도 찾을 수 없다. 그런 의미에서 시는 볼 수 없는 것들이다. 바람 소리 같고 물 흐르는 소리 같으며 별빛이 부서지는 소리 같이 들을 수 있는 것으로서 시인은 아래 시에서 그 구체를 시적 언어로 들려준다.

들녘 끝 후미진 버들 숲 사이로부터
풍경 소리 안온히 퍼지는 영신 들판
물결 되어 일렁이는 오후에는
올벼 익히는 가을 햇살 사이로 염불 소리 들린다
벼 이삭 염불 소리를 따라 고개 숙여 걷는다.

영글어가는 벼 알갱이는
땀방울의 결실이자 손때 묻은 염주 알
이슬방울 없더라도 구슬처럼 빛난다면

쌀(米)이란 쌍팔[八拾八]의 번뇌 이긴 공덕의 결정체
농심이 안개 되어 일렁이는 들판 위를 고개 숙여 걷는다.

포기 사이로 퍼지는 논배미의 물이
햇볕 안고 잦아진다 애태울 리 없건만
물길 트는 물꼬에서 미소 흘리는 농부의 얼굴에도
농심의 불심이라 이르며
공덕 쌓은 들판 길을 고개 숙여 걷는다.

―「영신 들판의 염불 소리」 부분

시는 원래 제의의 소산이다. 제의란 무엇인가? 신에게 탄원하거나 귀신을 저주하여 물리치거나 내 안에 있는 신의 목소리를 듣는 것이다. 시적 화자가 "영신 들판"을 거닐면서 "벼 이삭 염불 소리"를 듣는다는 것은 공연한 환청이 아니다. 자연을 벗하고 자연 속에 몰입하여 자연으로 삶의 공간을 채우는 시인의 시적 태도는 신적인 영역에까지 이르러 자연이 말하는 소리를 듣는 것이다. 우리는 이 시를 읽으면서 마치 라이너 마리아 릴케의 「가을날」이라는 시를 듣는 것 같고 김현승 시인의 「가을의 기도」라는 시를 듣는 것 같다. 시인의 마음속에 있는 "공덕"이 "벼 이삭"이라는 시각적 이미지로 굴절되면서 시인은 우리가 잊은 원시적 인간 본성을 일깨워낸다.

알싸한 새벽 기운에 코끝 시려도
정화수 한 그릇 소반 위에 받쳐 놓는

소복한 여인 되어
비질하며 걷는 해맞이 길 위론
별빛 조용히 이슬처럼 내렸다.

나 오늘 오정산 꼭대기에 올라
땅과 하늘이 맞닿은 그 곳을 향해
휘파람 불고
광명이 깃발처럼 펄럭이는 하늘 바라보며
나를 찾았다고 큰소리로 외치리라

하늘과 땅이 열리는 그 곳을 바라보며
오늘을 손뼉치고 또 노래 부를 때
박동치는 심장의 소리는
나를 보듬는 스님의 독경
어두움이 밀려가는 새해 아침 새해를
가슴으로 보고 있다

—「오정산 해맞이」 부분

사실 시는 실용을 위해 만들어지지 않았다. 만약 그렇다면 이 시는 "오정산의 해맞이" 여행을 위한 안내문 정도가 될 것이다. 마치 원시인들이 물고기를 잡기 위해서 배를 만든 것이 아니라 물 위에 배를 띄워 재밌게 놀기 위해 만들었듯이 시는 정신적 흥미를 위해 만들어졌다. 이 시집에는 문경이나 그 이외의 장소가 언급된다. 그러나 그 장소들은 실제의 장소가 아니라 시인의 흥취에 의해 굴절된, 즉 이미지와 상상의 장소들이다. 그렇기 때문에 시인은 "비질하며 걷는 해맞이 길 위론 / 별빛 조용히 이슬처럼 내렸다"와 같은 훌륭한 이미지를 창조할 수 있는 것이다. 같은 길을 걷는 어느 누구도 시인의 이런 존재의 집을 만들 수는 없다. 이런 서경적 공간은 사실 시인의 내면으로의 여행이라 이름 할 수 있고 "가슴으로만 볼" 수 있는 곳이다. 시인은 그의 시들을 통해 특별한 장소가 재편되고 있다.

"언어는 존재의 집"(하이데거)이다. 보이지 않는 것들을 보이게 하기 위해서 시인은 특별한 심상들을 만드는 데 성공하였다. 말하자면 직접적 은유나 정황을 담보하는 환유 같은 표현들을 통해 시인이 체험한 공간은 육화되고 그 육화를 통해서만 시인은 자신의 존재를 그려낼 수 있다. 그렇기 때문에 사실 시가 의미하는 것은 일정하지 않을 뿐 아니라 어디에서 누가 어떻게 시를 읽느냐에 따라서도 각기 다른 함의를 지니게 된다. 이 시집에서 시인은 아름다운 언어들을 통해 문경이라는 기억의 공간을 재창출하고 있다. 이 이외에도 독자들은 지면이 짧아 다 말하지 못한 언어의 리듬, 문자라는 행간에 사라진 문경 특유의 억양, 체험, 신화, 역사 같은 것들을 더 짚어낼 수 있을 것이다. 이 시집을 인해 여행을 할 때 우리가 그저 '좋다! 참 좋다!'는 말만 발설하지 않고 섬세한 감정을 표현하는 지적인 원숙미를 발휘할 수 있는 좋은 계기가 되길 기원한다. 마음으로만 볼 수 있는 것들을 통해 시가 나를 해방하는 진정한 계기가 되길 두 손 모아 기도해 본다.

노두원 제2시집

눈을 감아야 보이는 곳

1판 1쇄 인쇄/ 2014년 10월 15일
1판 1쇄 발행/ 2014년 10월 25일

지은이/ 노두원
펴낸이/ 김주안
펴낸곳/ 도서출판 진실한 사람들
주소/ 서울특별시 종로구 삼일대로 457 수운회관 713호
Tel/ 02-730-3046~7
Fax/ 02-730-3048
E-mail/ munvi22@hanmail.net
Home Page/ www.munvi.com
등록번호/ 제300-2003-210호
ISBN/ 978-89-91905-60-3

값 9,000원